BREVIARIO PROVENZAL

SERIE MENOR, 7

Vicente Valero
BREVIARIO PROVENZAL

EDITORIAL PERIFÉRICA

PRIMERA EDICIÓN: junio de 2021
DISEÑO DE COLECCIÓN: Julián Rodríguez

© Vicente Valero, 2021
© de esta edición, Editorial Periférica, 2021. Cáceres
info@editorialperiferica.com
www.editorialperiferica.com

ISBN: 978-84-18264-99-3
DEPÓSITO LEGAL: CC-138-2021
IMPRESIÓN: Kadmos
IMPRESO EN ESPAÑA – PRINTED IN SPAIN

La editora autoriza la reproducción de este libro, total
o parcialmente, por cualquier medio, actual o futuro, siempre
y cuando sea para uso personal y no con fines comerciales.

Para Eugenia y Javier

CUADERNO DE PROVENZA

I

La intensidad con que naturaleza y cultura han dialogado aquí en el transcurso de los siglos se manifiesta en todos y cada uno de los lugares que visitamos, siempre por este mismo paisaje solar, lleno de huellas abrasadas del mediodía, que es también, o principalmente, un paisaje más de la memoria. Esto ocurre, sí, en otros rincones del mundo, es verdad, pero en Provenza se observa una dimensión que, no sabemos nunca muy bien por qué, se nos revela de una manera más rotunda, como si las viejas y sabias redes del entramado –arte, historia y paisaje– fueran más complejas, pero también más luminosas. Las manifestaciones culturales primitivas comparten espacio con la alta cultura: desde una simple cabaña de piedra de la Edad del Hierro hasta la pintura de Cézanne o la poesía de René Char, pasando por los anfiteatros romanos o las abadías medievales. Y algo parecido se diría que ocurre también con la naturaleza: desde los Alpes hasta el Mediterráneo, el paisaje se expresa, en un territorio que siempre mira hacia el sur, de acuerdo con una extraordinaria variedad: el río y la playa, la alta montaña y las grandes planicies. Pisamos siempre, por lo demás, una tierra que parece saberse querida y privilegiada, orgullosa de su condición única, de su intenso pasado. Por qué, sin embargo, toda esta variedad cultural y paisajística se percibe como un todo armonioso y nunca de manera abrupta debe de ser el auténtico secreto de Provenza: secreto bañado por una luz que parece acoger en su interior los beneficios de la sal y de la nieve. Y luego está la belleza solitaria de sus pueblos, fruto de esta misma armonía entre naturaleza y cultura, una belleza que, en no pocos casos, puede apreciarse aún casi intacta, pese a que el turismo, con todas sus circunstancias, haya penetrado desde hace décadas en lo más profundo de la región.

La importancia que esta luz y este paisaje han tenido para la pintura y la literatura es, por otra parte, indiscutible. No menos para la espiritualidad religiosa. A veces, incluso la naturaleza misma parece participar del juego del arte o de la aventura del espíritu, y así nos encontramos con lugares como Les Dentelles de Montmirail o Fontaine-de-Vaucluse, que nos sorprenden en el camino no solamente como focos mágicos y espontáneos de una atracción natural, sino también como si asistiéramos a la exposición de geniales y voluntariosas creaciones. Pero tal vez lo más rotundo que podamos decir a propósito de esta conjunción tan fértil entre naturaleza y cultura es que nuestra moderna conciencia estética del paisaje fue, según se dice, al menos de una manera simbólica, formulada también aquí, en Provenza, un 26 de abril de 1336: el día en que Francesco Petrarca, que por entonces tenía treinta y dos años, afirma haber subido hasta la cima del Mont Ventoux, en compañía de su hermano Gerardo, y haber experimentado allí mismo, breve pero intensamente, el placer puro y desinteresado de la contemplación paisajística.

Hacia esta misma cima nos dirigimos nosotros también, cuando viajamos por la autopista 9 en dirección a Orange, para pasar primero la noche muy cerca de allí, en Vaison-la-Romaine, un pequeño pueblo partido en dos por el río Ouvèze. La parte nueva del pueblo es también la más antigua: la romana. La parte vieja, situada en una colina, al otro lado del río, es la villa medieval. Lo cierto es que hemos elegido un poco al azar este pueblo –cuyo singular trazado, sin embargo, nos ofrece una perfecta representación simbólica de todo lo que habremos de ver en los próximos días– para empezar nuestro viaje por la Provenza interior: un recorrido descendente, desde el Mont Ventoux hasta la montaña de Sainte-Victoire, en busca de algunas pocas tumbas, de algunos pocos versos, de algunas pocas pinturas… A la mañana siguiente, después de visitar a primera hora el museo romano, que posee, entre otros muchos objetos valiosos, unos espléndidos y completos mosaicos, y todavía con los variados y potentes olores del mercado del martes, a cuya bulliciosa instalación se asomaban todas las ventanas de nuestro hotel, nos dirigimos a Malaucène. Es desde este otro pueblo, aún más pequeño que Vaison, de donde Petrarca dice haber iniciado la subida al Mont Ventoux. Y en este mismo pueblo, en el que sólo nos detenemos para comprar el periódico, botellas de agua, pan y algunos embutidos para comer más tarde, después de aquella reveladora excursión, en un «rústico albergue», el poeta dice haber escrito la famosa carta *Ad Dyonisium de Burgo Sancti Sepulcri ordinis sancti Augustini et sacre pagine professorem, de curis propriis*. Nosotros subimos hoy también al Mont Ventoux por Malaucène, aunque lo hacemos en nuestro coche, por una amplia y bien asfaltada carretera, esquivando a los esforzados ciclistas. En la cima hay una gigantesca torre de telecomunicaciones, de una fealdad indescriptible, y un poco más abajo se encuentra la planicie a la que llegamos por fin y aparcamos. En esta misma explanada, donde Petrarca dice haber descansado después de la fatigosa subida, lo primero que uno encuentra ahora es una pequeña tienda de *souvenirs* y una especie de mercadillo ambulante de golosinas diversas. Esto último sorprende más que lo primero, pues no parece que suban muchos niños hasta este lugar, y tampoco vemos que los ciclistas que van llegando sin aliento se acerquen para comprar nada. Hoy es el penúltimo día de junio y todavía el cielo permite que nuestra mirada alcance metas que parecen imposibles, aunque no todas las metas que, según se cuenta, pueden alcanzarse desde aquí. No vemos, por ejemplo, «el mar de Marsella y el que azota Aigues-Mortes», como dice haber visto Petrarca, pero sí los Alpes y los montes de la provincia de Lyon, y por supuesto el Ródano. Y si miramos hacia Italia, como hizo el poeta desde el primer momento, alcanzamos a ver también la silueta de otra montaña mítica de la región: la montaña de Sainte-Victoire, allá por Aix-en-Provence. Cada vez llegan más excursionistas a la cumbre, caminando, en bicicleta, en coche o en moto, mientras tratamos de identificar todo cuanto vemos, aunque a medida que pasan los minutos, notamos también cómo se va perdiendo poco a poco aquella «insólita sutileza del aire» de la que Petrarca habla en su epístola, y el cielo es cada vez más denso y pesado.

Petrarca dice, efectivamente, haberse quedado entonces «pasmado» por la visión del espectáculo: «*Primum omnium spiritu quodam aeris insolito et spectaculo liberiore permotus, stupenti similis steti*». Hay en estas palabras un reconocimiento del placer estético que procura la contemplación de la naturaleza, placer inconfesable en su tiempo, aunque de ningún modo tenía que ser nuevo para Petrarca, quien, como se sabe, solía recorrer a caballo las orillas del Ródano y las llanuras del Luberon, conocía bien los Pirineos y proyectaba por aquellos mismos días abandonar de una vez por todas la ciudad de Aviñón, «un infierno en la tierra», para refugiarse a solas en el campo. Su amor por la naturaleza parece siempre sincero y sus pasos lo llevaban constantemente, no por casualidad, a los lugares más hermosos de la región. La subida al Mont Ventoux, por tanto, no pudo ser, en este sentido, un acontecimiento aislado en su vida cotidiana, aunque seguramente sí el más espectacular y, por supuesto, el más dificultoso. Representa también o, sobre todo, como suelen explicar con énfasis los muy variados intérpretes de la excursión –algunos poniendo en duda incluso la veracidad de los hechos–, un estado intelectual. Petrarca ha buscado un motivo –el *motif* del que siglos después hablará Cézanne– para retirarse y, contemplándolo, poder reflexionar a solas con él. En aquellos días, me parece, el poeta experimentaba, no sin remordimiento, lo que Simone Weil expresaría seis siglos después: «La belleza del mundo nos advierte de que la materia es merecedora de nuestro amor». Ésta es la razón, podría decirse, por la que Petrarca decide subir al Mont Ventoux, aunque él no lo confiese abiertamente cuando dice que sube sólo por curiosidad, «sólo por el deseo de ver la extraordinaria altura del lugar». El arrobamiento inicial provocado por la contemplación de la naturaleza –la belleza del mundo–, desde esta altura de casi dos mil metros, se transforma muy pronto, sin embargo, en un profundo sentimiento de nostalgia. Aquí se da, por tanto, en apariencia, un giro inesperado.

Porque lo que Petrarca ve, mientras contempla la naturaleza, es sobre todo su propia vida, más concretamente el tiempo –diez años– que ha transcurrido desde que abandonó Italia por última vez, hasta el punto de que, según escribe, lo «invadió un inconmensurable deseo de volver a ver la patria y al amigo». Esto viene, sin duda, inesperadamente también, a dar la razón a Kafka cuando escribe que la naturaleza provoca siempre «una nostalgia infinita». Y él debía de saber muy bien –es decir, Petrarca, pero quizás también Kafka– que era una noble costumbre de los antiguos griegos recordar, delante de un bello paisaje, a los seres queridos que se encontraban lejos o que ya habían abandonado este mundo. El azul de las primeras horas de la mañana va transformándose en una cortina blanca y grisácea: son los colores húmedos del calor. Sobrecoge asistir a este panorama un poco triste donde todos los horizontes vislumbrados van desapareciendo. Provenza, que parecía al principio estar casi enteramente al alcance de nuestra mirada, ahora se oculta o se recoge en sí misma, y nuestros ojos observan resignados sólo los viñedos más próximos, así como los campos donde la lavanda ha dejado de ser por fin una promesa.

La contemplación de la naturaleza parece estar vinculada a la memoria y a la nostalgia. Petrarca, ciertamente, como suele decirse también, inaugura un modo nuevo de mirar el paisaje. Nuevo para su época, por supuesto, pero ya sabemos que las novedades intelectuales en aquel entonces eran casi siempre recuperaciones: ideas y motivos del mundo antiguo. Y como, por cierto, también le gustaba recordar a Simone Weil, citando a Platón, «la belleza del mundo es una encarnación de Dios». Petrarca no se atreve a tanto, desde luego, y, por esta razón, la segunda parte de su carta escrita en Malaucène puede resultar decepcionante para nosotros. Asustado por las sensaciones que la contemplación de la belleza del mundo ha provocado en su espíritu desde la cima del Mont Ventoux, abre al azar las *Confessiones Sancti Patris nostri Augustini*, «que guardo y tengo siempre en mis manos», y he aquí que el azar lo conduce a un párrafo verdaderamente incómodo para la ocasión: «Y van los hombres a admirar las cumbres de las montañas y las enormes olas del mar y los amplísimos cursos de los ríos y la inmensidad del océano y las órbitas de las estrellas y se olvidan de sí mismos». Petrarca se confiesa entonces, tras la lectura de estas líneas de san Agustín, «irritado» consigo mismo «por estar contemplando cosas terrenales, cuando hacía tiempo que debería haber aprendido incluso de los filósofos paganos que nada es admirable excepto el alma, junto a cuya grandeza nada es grande». Ahora bien, esta severa actitud, digamos medieval, que aparenta corregir el estado de ánimo inicial, la conmoción estética, ni siquiera se corresponde del todo con la experiencia descrita, porque, según podemos leer, lo que la contemplación de la belleza del paisaje ha provocado sobre todo en Petrarca ha sido el recogimiento, el recuerdo y una reflexión sobre el rumbo que ha tomado su vida, hasta el punto de que el paisaje casi desaparece de su mirada. Sea como fuere, aunque con arrepentimiento –fingido o verdadero–, el poeta ha dejado así escritos los fundamentos modernos de la contemplación paisajística: placer, inspiración y conocimiento de sí mismo. De hecho, podría decirse también que lo que la naturaleza provenzal regaló principalmente a Petrarca, aquí y en cualquier otro lugar de la región, además de placer e inspiración poética, fue la necesidad de autoconfesión. Y puede decirse asimismo que nadie había cultivado nunca la autoconfesión hasta un grado tan extraordinario, a excepción, sin duda, de su admirado san Agustín. Como éste, maestro en tantos asuntos, Petrarca somete el recuerdo y la experiencia de la vida al ejercicio disciplinado de la escritura. Y lo hace también en diálogo íntimo y permanente con la belleza del paisaje que lo rodea. Contemplación paisajística y conocimiento de sí mismo estarían de este modo, por tanto, extrañamente vinculados. Delante de un hermoso paisaje como éste sentimos, es verdad, que el ritmo de nuestra vida se detiene. Ciertamente, sentimos también que nos apartamos del imparable curso de los acontecimientos históricos. (Como escribió Henry Thoreau: «Desde las colinas de Fair Haven no veo el Estado por ninguna parte».) Desde esta posición privilegiada observamos el mundo del que nos hemos retirado, ya sea durante unas horas o unos años, para recapitular con una alta conciencia de nosotros mismos. La planicie de la cima del Mont Ventoux se ha llenado entretanto de ciclistas fatigados, y nosotros finalmente compramos algunos pocos *souvenirs* y además, por qué no, algunos de aquellos dulces inesperados. Volvemos al coche y descendemos por otra carretera, la que conduce a un pueblo llamado Bédoin, pero a mitad de camino decidimos entrar en un pequeño bosque de abetos y de cedros. Dejamos de nuevo el coche y buscamos la sombra amplia y limpia de los árboles. Comemos. Paseamos y miramos las flores: la primavera está ahora aquí, en estos primeros días de verano, en su máximo esplendor. Ahora podemos contemplar no sólo el paisaje que se extiende al sur del Mont Ventoux, con la lavanda en flor y las viñas verdes y ordenadas, sino también la cima misma del monte, el pedregal blanquísimo que, desde la distancia, desde cualquier punto de la región, se asemeja siempre, todos los días del año, a la nieve. En realidad, puede decirse que lo que Petrarca expresó aquí es lo que había descubierto durante las dos décadas que llevaba viviendo en Provenza, desde que llegara con ocho años escasos, *aquello* que precisamente lo había convertido, sobre todo, en un poeta y, a la vez, en un elocuente indagador de la memoria: que la contemplación de la belleza del mundo y de las «cosas terrenales» no sólo no impide admirar la grandeza del alma, sino que puede convertirse en su motivo más sublime. Apenas unos meses después de esta turbadora experiencia, el poeta decidió irse a vivir a una casa en el campo, en Fontaine-de-Vaucluse, un lugar recogido y solitario, donde escribiría buena parte de su *Canzoniere*, así como un bello tratado moral, titulado *De vita solitaria*.

II

De camino a la ciudad de Aviñón, ya por la tarde, después de hacer un breve alto en Bédoin, donde hemos aprovechado para tomar unos helados, pasamos por Les Dentelles de Montmirail, las crestas pétreas que tanto impresionaban a otro poeta de esta misma región: René Char. «Sobresalen de su entorno —nos dice este poeta— como si no pertenecieran a él, como si se alzaran allí tiempo antes de cuanto las rodea. Lo que me fascina, lo que me da vértigo, es lo que existía antes de ese antes.» Ciertamente, el mar debió de llegar también hasta aquí arriba: a eso es a lo que se refiere René Char, que tenía sobre su mesa de trabajo un sílex de las Dentelles con las huellas de un erizo de mar... Cuando llegamos por fin a Aviñón, buscamos la iglesia de Santa Clara, de la que no existe más que una sola pared de una de sus pequeñas capillas laterales. En su lugar, hay un jardín y un teatro. Es la rue du Roi René, con viejos edificios, algunos de ellos abandonados. Y sí, seguramente, lo más importante que ocurrió en Aviñón fue el flechazo amoroso entre Petrarca y Laura, aunque la ciudad viva sumida en otra nostalgia turística diferente y más rentable: la de los oscuros papas medievales y su palacio. Me quedo a solas un buen rato en este pequeño jardín de cipreses, intentando reconstruir con la imaginación el escenario. Como no hay ningún banco donde poder sentarme, ni siquiera una buena piedra, estoy de pie, delante de la pared superviviente de la vieja capilla, que no está, por cierto, protegida de ningún modo, se mantiene a la intemperie, aunque pueden verse en ella breves fragmentos de pinturas antiguas. Es fácil concentrarse en este lugar, me digo, pues nadie pasa por aquí, ni residentes ni turistas. Parece uno de los barrios más olvidados de la ciudad. Petrarca vio a Laura por primera vez aquí, en este mismo lugar donde yo estoy ahora, el 6 de abril de 1327. Él tenía veintidós años y ella algunos menos. Se enamoró inmediatamente. Como se sabe, Laura era de clase alta, se casó, tuvo hijos y murió en 1348 víctima de la peste. Sin esta mujer, sin este encuentro, pero también sin el rechazo, sin la obligada experiencia platónica del amor, sin este otro *motif*, ¿hubiera existido un *Canzoniere*? Algunos dirán sin dudarlo que sí: los mismos que niegan la veracidad de este encuentro, la existencia histórica de esta pasión, la misma subida al Mont Ventoux –convirtiendo a Petrarca, por cierto, en un impostor compulsivo–. Y de no haber existido un *Canzoniere*, con su exaltación de la naturaleza y del individuo solitario, con su reconocimiento del amor como núcleo de la existencia, con su preeminencia del yo, ¿cómo habría sido entonces la poesía moderna? Mientras me hago éstas y otras preguntas, salgo del jardín y continúo descendiendo por la rue du Roi René hasta que llego a otra calle aún más lóbrega y descuidada: es la rue des Teinturiers. En esta calle me detengo delante de otra ruina, la del Couvent des Cordeliers, donde, según informa un pequeño letrero de metacrilato, fue enterrada Laura. Del convento sólo queda la torre del campanario, aunque ni siquiera la torre entera, solamente uno de sus lados. Hay, adosados a esta misma ruina, modestos edificios habitados. La torre está separada de la calzada por un estrecho sumidero… «*Ma la forma miglior, che vive anchora, | et vivrá sempre, su ne l'alto cielo, | di sue bellezze ognor piú m'innamora.*» Chateaubriand, que pasó por aquí en 1802, cuenta que el rey Francisco I, el amigo de Benvenuto Cellini y de Leonardo da Vinci, ordenó abrir la tumba de Laura para saludar «sus cenizas inmortalizadas».

Continúo descendiendo por estas callejuelas, viejas y oscuras, con olor a agua estancada y a ropa tendida, y se me ocurre que por aquí mismo debió de pasar también no pocas veces otro poeta, Stéphane Mallarmé, que vivió tres años en esta ciudad, entre 1868 y 1870. Trato ahora de imaginarlo, triste y amargado por su nuevo destino provinciano, por no poder vivir de una vez por todas en París, la ciudad de todos sus sueños. En Aviñón, sin embargo, Mallarmé fue muy bien acogido por los poetas provenzales, los llamados *felibres*. Con Mistral y Aubanel trató frecuentemente, con ellos también subió, por cierto, en una ocasión, al Mont Ventoux. La distancia entre ellos, desde un punto de vista literario, tuvo que ser abismal, no hace falta decirlo. Como Petrarca, también Mallarmé estaba destinado a protagonizar una tarea revolucionaria para la poesía. Mientras indagaba en las posibilidades de la palabra absoluta y en los límites del verso, los felibres, en cambio, comprobaban con satisfacción cómo sus propios poemas emanaban con facilidad y éxito de su misma y complaciente mirada de la naturaleza. Éstos eran epígonos de un romanticismo naturalista y aquél, sin embargo, era un preludio de no se sabía aún muy bien qué, de algo nuevo sin duda. Podemos imaginarlos a todos, desde luego, en una tertulia vespertina, en la place de l'Horloge, por ejemplo, pero no me atrevería a asegurar que hablando de poesía. Sería un poco más fácil imaginarlos a todos juntos una mañana cualquiera de principios de verano paseando por las orillas del Ródano. Los felibres llevaron a Mallarmé, pese a que éste se queja en sus cartas siempre de su mala salud, no sólo al Mont Ventoux, sino que se empeñaron también en que conociera el recóndito enclave de Fontaine-de-Vaucluse, el puente romano del Gard, la ciudad de Arlés... Lo invitaron a participar en las célebres *felibrigadas*, las famosas fiestas declamatorias de poesía, y aquí también resulta difícil, por cierto, imaginarnos al hermético y solitario Mallarmé. Sabemos que sus amigos de París no escatimaban burlas al respecto. Algunos de estos amigos lo visitaron alguna vez en su pequeña casa pintada de color rosa –Portail Matheron, 8–, en el patio donde crecían tres estupendos laureles y una redonda y bien armada higuera, donde escribió el más extraño de los cuentos, *Igitur, ou la Folie d'Elbehnon*, así como, entre otros, el soneto «*Ses pures ongles...*», el de las imposibles rimas en -yx, convencido de que, de la misma manera que a la cotidiana y terrible Angustia sólo se le podía hacer frente con la búsqueda de la belleza de lo Absoluto, la imperfección de este mundo sólo podía ser corregida con la perfección de las palabras. Ahora bien, ¿cómo –y sobre todo por qué– explicar a los felibres esta «sensación», precisamente a ellos, que veían en la naturaleza la perfección suprema, la sensualidad y el consuelo, la máxima alegría espiritual? Hasta el patio tranquilo de Mallarmé, donde las horas del verano transcurren lentamente en compañía de su mujer, Marie, y de su hija, Geneviève, a la sombra de los laureles, llegan un día los poetas Villiers y Catulle Mendès, que vienen de Suiza de pasar unos días en casa del compositor Richard Wagner. Llegan también, otro verano, François Coppée, Cazalis, el más bromista de todos, y Glatigny. Pero todos pasan de largo, regresan pronto a París, y Mallarmé vuelve a quedarse solo, con los siempre entusiastas poetas provenzales, amantes de las excursiones. Tiene veintinueve años y está enfermo. Detesta su trabajo en el Liceo. Toda su estancia en Aviñón es un ir y venir de cartas solicitando un empleo en París, una oportunidad de escapar. Y, cuando por fin lo consiga, tendrá que agradecérselo a Mistral, que es ya un poeta influyente, con amigos en el Gobierno. Podría decirse que toda Provenza parece estar inmensamente agradecida a Mistral, a su Premio Nobel de Literatura, a su lengua, que ya nadie habla. Él, y solamente él, es el poeta de la región, como todos los paisajes del mundo tienen a su poeta único y propio. Apenas hay río, montaña, prado, playa o aldea de Provenza que la poesía de Mistral no haya recorrido con sus exclamaciones. Antes que los pintores, los poetas, que siempre han sido buenos caminantes, inventaron el arte del paisaje. En aquella época, éste no era ya sino la expresión de una intimidad: la del individuo solitario que busca y cree poder descubrir para sí mismo los secretos de la naturaleza. De qué secretos se trata debería ser, en principio, la cuestión primordial, sin duda, pero todos estos secretos parecen pedirle al artista no tanto una interpretación como una manera de ser iluminados, de ser nombrados, de hacerse por fin visibles. Así es, me parece, como la naturaleza ha sabido convocar o seducir siempre a los artistas. Puede que estos secretos, por tanto, sean sólo una *idea*, la misma que alienta la búsqueda y la palabra poética, insinuando a la vez nuestra necesidad de naturaleza, nuestro deseo de placer y de inspiración, de autoconocimiento y de memoria. Puede que estos secretos solamente nos indiquen el camino necesario hacia la contemplación. Lo cierto es que sentimos que nos conciernen, que nos hablan a nosotros, que explican algo muy nuestro. Todo en la naturaleza reclama la mirada del otro: ésta es su forma de perpetuarse. Los colores, los aromas, los sonidos: buscan a aquellos que tienen que venir para fertilizar, para dar continuidad a la vida. El secreto sería así una forma sutil de reclamo, una metáfora de la belleza del mundo. El «pasmo» inconfesable de Petrarca y el «azur» de Mallarmé no son la misma cosa, pero su vínculo se hace bien visible cuando leemos sus poemas, es decir, cuando el reclamo ha sido escuchado, cuando el secreto ha conseguido ser iluminado y nombrado por fin. Por lo demás, me parece que tenemos derecho a creer aún en estas palabras de R. W. Emerson: «Observamos cambios notables en el trigo o en los gusanos, pero sólo el poeta nos lo mostrará con amor y respeto, y reconocerá, mirando a través del velo flotante de los acontecimientos, la perfección de la naturaleza, y será él quien –al fin– consiga manifestarnos su verdad». Aunque lo cierto es que, por entonces, los pintores ya se encontraban también en aquel mismo y luminoso camino de los poetas.

El arrobamiento estético de Francesco Petrarca en el Mont Ventoux continuó y se desarrolló al máximo en Fontaine-de-Vaucluse, a escasos veinte kilómetros de Aviñón, hacia donde nos dirigimos ahora, en esta mañana todavía limpia de julio, por una estrecha carretera comarcal primero y luego por un desvío aún más estrecho, pero jalonado por una vegetación que, para nuestra sorpresa, resulta ser exuberante. En este extraño lugar, que participa al mismo tiempo del clima prealpino y de la luz mediterránea, el recuerdo de Petrarca sí ocupa un lugar principal. Se conserva la que seguramente fuera su casa –hoy Musée Petrarca–, en la que el poeta pasó la mayor parte de su tiempo entre 1337 y 1351. Era, sin duda alguna, a la manera de la poesía clásica, un auténtico *locus amoenus*, con su vegetación ideal y su rumor constante de agua naciente. Se trata, desde luego, de una fuente excepcional, que surge con una fuerza indómita para convertirse en un rapidísimo y sonoro torrente: el Sorgue. Según nos explican, este nacimiento es un extraño fenómeno geológico, conocido precisamente como *émergence vauclusienne*, que ya había llamado la atención en la Antigüedad y del que, por lo visto, se conocen muy pocos casos más en el mundo. Los espeleólogos disfrutan aquí, por tanto, de su particular y misterioso paraíso subterráneo. El murmullo del agua, alegre y lleno de vida, lo invade todo. No creo que Petrarca pudiera oír nada más que pájaros y agua mientras escribía sus sonetos y canciones, «al pie de una corriente». Resultaría fácil ahora recurrir también a los símbolos. Podemos asociar, por ejemplo, el nacimiento de la poesía moderna con la emergencia del agua viva y misteriosa de la fuente. Por su transparencia, por el consuelo que procura a quienes tienen sed, por su murmullo diáfano, por su insólita capacidad de sorprender: ¿no se parecen mucho el agua y la poesía? Y aquí vienen –o sobrevienen, como el agua limpia de la fuente, con su misma fuerza– a la memoria unos versos de René Char a propósito de este mismo paisaje: «No era un torrente que se exponía a su destino, sino un animal inefable en cuya palabra y sustancia nos convertíamos». También aquí, en esta casa, Petrarca escribió *De vita solitaria,* un hermoso tratado en el que alaba las virtudes de la vida en la naturaleza. No la vida del eremita que desprecia las «cosas terrenales», que odia el mundo, sino «una vida tranquila en el campo, de ocio fructífero, con o sin un par de compañeros...». Entramos en el *musée*, donde se guardan ediciones valiosas de los libros del poeta italiano. Paseamos por los contornos, siempre con el sonido del agua emergente y de los pájaros de julio, alejándonos, en la medida de lo posible, del entramado turístico, de los *souvenirs* y de los restaurantes –en uno de los cuales, después de todo, como buenos turistas, también acabaremos comiendo–. Petrarca escribe, con emoción, a propósito de su vida en este lugar, que se levantaba a media noche para salir al campo de madrugada, «pero, en el campo, como en casa, estudio, medito, leo y escribo... Cada día paseo por los montes puros, los frescos valles y las grutas; lentamente recorro las dos orillas del Sorgue, sin encontrar a nadie, sin compañero ni guía, solo con mis pensamientos...».

El agua de Fontaine-de-Vaucluse, es decir, el Sorgue, llega hasta el pueblo de René Char y lo rodea por completo. Estamos ahora en L'Isle-sur-la-Sorgue. Buscamos la Maison René Char, ubicada en un viejo edificio de 1746 reformado, el Hôtel Donadeï de Campredon, pero la casa se encuentra ahora cerrada durante unos días: preparan una exposición de Wilfredo Lam, el pintor cubano amigo de Char. De pronto, mientras paseamos, se ha puesto a llover. Nos refugiamos en un café y aprovechamos para leer los diarios locales. Recordamos lo que otro buen amigo de Char, Albert Camus, escribió al respecto, durante su viaje a Baleares en 1935: «Sin los cafés ni los diarios, sería difícil viajar». El turismo acumula los mismos problemas en todas partes, pero todos pueden resumirse en uno principal:

los especuladores no descansan y a los protectores de la naturaleza nadie se los toma muy en serio. Parece que éste es aquí también un tema habitual en los periódicos. Se ha dicho muchas veces que la poesía de René Char no puede comprenderse del todo sin conocer estos paisajes. Pero también podría decirse, me parece, sin temor a exagerar, que estos paisajes de Vaucluse resultan más accesibles con la poesía de Char en la mano. Ambos comparten, paisaje y poesía, como dijo el propio poeta, un carácter «aforístico». Lo cierto es que, para la poesía de paisaje, y ya que después de Mallarmé no podía volver a darse nunca más un Mistral, ni siquiera en los círculos provincianos, René Char representa un original modo de aproximación a la naturaleza. Su palabra no es evocadora y apenas descriptiva. No hay lugar, por tanto, para la narración nostálgica ni para la entusiasta exclamación. Es, sobre todo, transformadora y aspira, según él mismo reconoce, al «conocimiento productivo de lo real». Los paisajes de la poesía de Char se nos muestran como revelaciones puras de la lengua, como lugares de cuya profundidad y significado para el hombre solamente la palabra poética puede darnos alguna noticia verdadera. A diferencia de la de Mallarmé, esta poesía sí absorbe la humedad de la naturaleza, rezuma el calor ardiente de las piedras y los árboles. Si algún día, me digo, estos paisajes desaparecieran, como profetizan los más alarmados articulistas del diario que acabamos de leer, habría que ir a buscarlos a la poesía de René Char: en ella han sido reconstruidos casi desde su mismo origen, con el hermetismo propio de la creación pura. En cambio, los versos de Mistral apenas podrían ofrecernos, me parece, algo más que una vaga postal un poco estropeada ya por los años y los ácaros. Por otra parte, la experiencia de Char, por estos mismos parajes vauclusianos, como oficial de la resistencia durante la invasión alemana, podría ser leída ahora, desde nuestra distancia, quizás sólo como una anécdota, pero en todo caso como una anécdota que, conociéndola, ilumina paisaje y poesía, transforma a ambos en un dolor luminoso, en una herida inmensamente humana que emociona recorrer. Lección moral y aventura estética, la poesía de René Char nos aproxima siempre a una moderna y urgente conciencia de la naturaleza: «La naturaleza, asediada por las empresas de los hombres, cada vez más numerosos, traspasada, saqueada, vuelta del revés, despedazada, despojada, flagelada, acobardada, la naturaleza y sus amados bosques han sido reducidos a una vergonzosa esclavitud y sufren una mengua terrible de sus bienes. ¿Cómo podría ella rebelarse sino mediante la voz del poeta?». Ya en el cementerio, mientras buscamos su tumba, recordamos algunos de sus versos, ahora que por fin ha dejado de llover y el cielo se abre al azul más diáfano. Unas mujeres enlutadas, jóvenes, de una belleza que sólo parece haber sido interrumpida, en estos días recientes, por el dolor insoportable, cambian las flores de una sepultura con lágrimas en los ojos. Me parece haber vivido ya este momento y, aunque apenas nos miramos, por aquel supremo respeto que domina siempre en los cementerios, vigilamos mutuamente nuestros movimientos, escuchamos todas nuestras palabras dichas en voz baja. Su dolor, sin embargo, hace que nos retiremos en silencio, que salgamos del cementerio como intrusos, que busquemos el coche para continuar nuestro viaje.

III

En la región de Vaucluse, casi todos los pueblos, dice también René Char, «tienen forma de caracol». Muchos de ellos están situados en lo alto de las colinas. Visitamos Gordes en primer lugar, donde Vasarely, después de haber encontrado la lámpara maravillosa de todos los colores, compró su castillo y lo transformó en su propio museo. Muy cerca de Gordes, en el Castellet de Ménerbes, otro pintor, Nicolas de Staël, realizó entre 1953 y 1955, después de un largo período de exploración, la parte esencial de su obra. Poco después se suicidaría arrojándose desde lo alto de la muralla de Antibes. En la abadía de Sénanque, también muy cerca de Gordes, el canto gregoriano y el perfume de la lavanda –que cultivan y venden los propios monjes– parecen confundirse en un paisaje áspero y cerrado, sin duda cisterciense. Visitamos también Roussillon, de una belleza roja y humilde, y luego también Apt, Bonieux, Cadenet... Son pueblos de trazado antiguo, enigmático, aunque hoy aparecen expuestos para el turismo: son, enteramente, atractivos escaparates, vivos y bulliciosos, donde se vende la cara y típica mercadería de Provenza. Otros, como Cucuron o Ansouis, permanecen aún algo solitarios e indecisos, muestran su rostro más auténtico, su carácter seco y fuerte, como el mismo paisaje en el que se encuentran: el Luberon. Y no se puede renunciar a Manosque, con el recuerdo siempre vivo de Jean Giono, de sus novelas, de sus entrañables personajes, de su prosa vívida, que acoge con virtuosismo todo el calor pétreo e inhumano de estos campos, de estas colinas, pero también los sentimientos profundos de quienes, al igual que él, los habitaron como sólo se puede habitar un mismo lugar durante toda la vida: con fatalidad. Y con una belleza que, a diferencia de la que celebra el visitante ocasional, siempre posee otras muchas capas de memoria oscura y persistente. Llegamos ya de noche a Lourmarin, donde nos instalamos en un pequeño hotel, del que no salimos ya hasta la mañana siguiente, una mañana dulce de julio, lleno de aromas, de sol suave, para caminar por las calles todavía húmedas del pueblo, poco antes de que los comerciantes abran sus tiendas. Nos acercamos, paseando también, hasta el *château*, que perteneció a un escritor que no conocemos, Henri Bosco, y que es, sin duda, el edificio emblemático del pueblo, no sólo por sus dimensiones, sino también por sus virtudes arquitectónicas del siglo XV. En septiembre de 1958, con el dinero obtenido con el Premio Nobel, Albert Camus decidió comprar una casa en Lourmarin. Reconocía sentirse cada vez más atraído por Provenza, que había podido conocer y recorrer algunos años antes, siempre acompañado por René Char. Todo un paisaje solar para poetas y artistas también solares. Cézanne, Van Gogh, Picasso, Giono, Char: imposible imaginarlos sin este sol inmenso y despiadado del mediodía, sin la fuerza y la energía de su luz transformando hasta la locura los campos, el cielo, las aldeas solitarias. Y de Provenza, sobre todo esta región de Vaucluse, áspera y dura, menos amable que cualquier otra, y donde, ciertamente, como dice Camus en un breve texto escrito en este mismo pueblo, «caídos desde lo alto del cielo, torrentes de sol rebotan brutalmente sobre el campo a nuestro alrededor». A Albert Camus este paisaje de Lourmarin le recordaba el suyo primero de Argel: «Me parece que si extiendo la mano toco Argelia». Y en su nueva casa de Lourmarin, situada en la grand rue de l'Église, se adentra en una nueva aventura: empieza a recordar. Aquí escribe *Le Premier homme*, memoria de la primera infancia, de los primeros paisajes.

Como para Petrarca en la cima del Mont Ventoux, también la contemplación de la naturaleza significa para Albert Camus, además de un placer estético, el descubrimiento de la autoconfesión. Porque esto es *Le Premier homme*, un descenso a los pasos previos, al magma de la primera vez, una confesión. Un viaje al dolor de la intemperie en la que fueron pronunciadas las primeras palabras y se abrieron las primeras heridas… Y así un paisaje nos conduce a otro, como si hubiera entre ellos conexiones secretas que solamente la memoria y el arte pudieran descifrar. La naturaleza nos invita al silencio, pero este silencio nos invita siempre también a recordar. La belleza de estos recuerdos es enigmática y su fuerza nos consuela, permite que nos aventuremos siempre con valor en el pasado, mirar hacia el futuro. Los recuerdos de Camus son audaces, penetran en el dolor y en la felicidad de la infancia, se detienen para volver a sentir la pobreza y el miedo, parecen brotar bajo aquel mismo sol abrasador de África. ¿Sabía Camus, por cierto, que ya Michelet, cien años antes, en su libro *La Mer*, había comparado Provenza con Argelia? El manuscrito de *Le Premier homme* se encontraba en el maletero del coche en el que perdió la vida Albert Camus, en enero de 1960, cuando viajaba desde Lourmarin hasta París, acompañando a la familia Gallimard. (A René Char lo habían invitado a subir en el mismo coche, pero declinó la invitación a última hora y prefirió viajar en tren.) Camus también había dicho de

Lourmarin: «Lo que me gusta es que por fin he encontrado el cementerio donde seré enterrado. Estaré muy bien en él». Se trata, efectivamente, de un bellísimo cementerio, situado al borde mismo de un pequeño barranco, a las afueras del pueblo. Encontramos pronto su tumba, en la que crece una adelfa y también, cómo no, la lavanda. Ambas están ahora en flor. En verdad no hay nada que hacer en un cementerio, salvo constatar con todos nuestros sentidos, pero sobre todo con el corazón, este silencio admirable, tan diferente a cualquier otro silencio, porque imaginamos que brota puro, como de una fuente, de la memoria misma de los muertos. Más allá del cementerio, se extiende una llanura que parece infinita: «Lejos de París hemos venido a aprender que hay una luz a nuestras espaldas, que es menester que nos volvamos, liberándonos de los lazos que nos atan, para mirarla de frente, y que nuestro cometido antes de morir consiste en intentar, a través de todas las palabras, nombrarla». Cuentan, por cierto, que cuando el viejo Heidegger, poco antes de su muerte, en el último de los tres viajes que realizó a Provenza para visitar a su amigo René Char, se acercó hasta este mismo cementerio, hasta esta misma tumba, tal vez también para mirar de frente esta luz y poder nombrarla, la temperatura había subido hasta los cuarenta y dos grados, algo que, según los habitantes del pueblo, no había sucedido nunca.

Desde cualquier pueblo o camino del Luberon, también desde Lourmarin, desde su cementerio, la silueta rocosa, grisácea, de la montaña de Sainte-Victoire parece un enorme e ineludible imán. Su influencia se percibe por toda la región, se impone de un modo extraordinario. Avanzamos ahora, en dirección a Aix-en-Provence, por las estrechas y solitarias carreteras comarcales, se diría que atraídos por aquel macizo imponente, por aquel imán. Cuando entramos en Aix, el sol es aquí, desde el primer momento, más poderoso, su luz mucho más densa, y rebota en las fachadas y en las copas y troncos de los plátanos. Encontramos hotel en el cours Mirabeu, una vieja habitación con vistas a la calle y a los cafés que, hasta hace bien poco, debieron de ser en verdad antiguos y provincianos. Ya en la habitación, mientras estoy asomado a la calle, cuya arquitectura nos remite, sobre todo, a la sociedad burguesa del siglo XIX, pienso, claro está, en Cézanne, pero en el Cézanne de los últimos seis años, en el viejo pintor que tuvo que dejar de pasear, precisamente por esta misma calle, para no tener que soportar más las burlas y los insultos de sus paisanos. Hoy, Cézanne es lo más importante que ha ocurrido en esta calle, en la historia de Aix-en-Provence. Lo buscamos poco después en el cementerio de Saint-Pierre, por sus senderos bien cuidados y regados, entre centenares de tumbas y algunos viejos cipreses. Y por fin lo encontramos: «*Ici repose Paul Cézanne*». Delante de la tumba hay cinco pequeños tallos de romero recién plantados. Ésta tiene encima una gran cruz, también de mármol. Cézanne fue, según parece, un ferviente católico. Iba a misa cada día, al amanecer. «La misa y la ducha son lo que me mantienen en pie», decía en los últimos años de su vida. Y también, cuando le preguntaban sobre esta cuestión: «Si no creyera, no podría pintar». Algo más arriba, en la misma calle del cementerio en la que se encuentra la tumba de Cézanne, unos marmolistas árabes conversan en su lengua y nos miran, mientras intentan colocar una pesada lápida nueva. Ellos y nosotros somos, en este momento de la tarde, los únicos vivos del cementerio. Siendo burgués y católico, por qué entonces, podríamos preguntarnos, llegaron los de su misma clase, en su propia ciudad, a despreciar a Cézanne de tal modo. Quizás porque su pintura no era ni burguesa ni católica. Unos cuadros que expresaban con tanta emoción un amor extraordinario a la naturaleza… Y aquel modo de pintar que respondía a una nueva manera de percibir la realidad, siempre más allá de la pura apariencia. No es posible que exista, desde luego, en la historia del arte, una pintura menos hipócrita que la de Paul Cézanne. Únicamente los niños y los pobres se acercaban a él en sus últimos años en Aix-en-Provence: los primeros, para insultarlo y zarandearlo; los segundos, para pedirle una limosna que sabían con toda seguridad que les daría. Pero también se acercó a él Joachim Gasquet, con la devoción de un evangelista.

Su admirable libro sobre Cézanne está escrito desde el fervor, la amistad y el profundo reconocimiento. Como décadas después haría Carl Seelig con otro artista singular, Robert Walser. O Gustav Janouch con Franz Kafka. O Jean Pénard con René Char. Como un siglo atrás hiciera J. P. Eckermann con Goethe. Algunas veces, muy pocas, los creadores más valiosos han encontrado también a sus mejores testigos. Visitamos también el *atelier* del pintor, *sur la colline des Lauves*, que hoy está completamente construida, pero que, en aquel tiempo, en 1901, cuando Cézanne compró la casa, era una colina desierta a las afueras de Aix, desde la que se podía disfrutar de dos espléndidas vistas: la misma ciudad de Aix, con la silueta espigada de su catedral, y la montaña de Sainte-Victoire. El taller conserva muchos de los objetos que aparecen en los cuadros del pintor: jarrones, fruteros, botellas... Todo está dispuesto con un aparente desorden, aunque también todo está demasiado limpio y brillante para resultar creíble. No faltan los cráneos ni los viejos y rotos abrigos colgados de un perchero. Y, por supuesto, alguien se ocupa con esmero de ir cambiando las manzanas… «Lo único verdadero para un pintor son los colores», le dice Cézanne a Joachim Gasquet. Y el pintor ya solamente era capaz de ver en Aix y en los paisajes de su entorno aquella simiente de renovación, aquellos colores. No podía encontrar lo que buscaba en ningún otro lugar. Allí se le había revelado por primera vez, durante su infancia, y allí tenía que buscarlo infatigablemente. Se había fundido con su paisaje natal hasta llegar a ser su «conciencia subjetiva». No fue el primer pintor paisajista, pero sí el primero, me parece, en comprender que «la naturaleza está más en las profundidades que en la superficie». Y que, por tanto, lo que verdaderamente importa es perderse «en la naturaleza, volver a brotar con ella, como ella tener los tonos tozudos de las peñas, la obstinación racional del monte, la fluidez del aire, el calor del sol. En un verde mi cerebro entero se derramará con el flujo de savia del árbol».

IV

Mientras nos dirigimos, por la mañana temprano, con la luz del sol todavía un poco húmeda, hacia la montaña de Sainte-Victoire, pienso que, de algún modo, podría decirse que Paul Cézanne culminó aquí, casi seiscientos años después, lo que Petrarca había iniciado en el Mont Ventoux. Las dos montañas más emblemáticas de Provenza se encontrarían así perfectamente unidas por dos creadores extraordinarios. Petrarca renunció entonces, por motivos religiosos, a emprender un camino hacia el interior del paisaje, hacia las profundidades de la naturaleza. Cézanne, sin embargo, descubrió que los colores, expresión pura de aquellas profundidades, eran «la carne resplandeciente de las ideas y de Dios». Petrarca creyó, siguiendo a san Agustín, que lo que verdaderamente importaba había que buscarlo en el interior de uno mismo. Aunque también creyente, Cézanne fue bastante más allá y pronunció una frase que, años después, produciría una fuerte conmoción en Rilke: «Estar así ante el paisaje: sacar de él la religión». También Cézanne podría haber subido a la montaña de Sainte-Victoire con san Agustín, podría haber abierto también uno de sus libros, *De pulchritudine simulacrum*, por ejemplo, y haber leído en él que la función artística consiste solamente en «la imitación del mundo creado», lo que afianza al artista en niveles inferiores –razón por la cual se condenaba el ejercicio del arte–. Pero Cézanne no copiaba. Esto lo sabían muy bien sus vecinos de Aix-en-Provence, quienes, para explicarse aquellas «extrañas» y hasta «monstruosas» pinturas del artista, decidieron atribuir a éste una enfermedad de la visión, una deformación óptica. Eugeni D'Ors, que en su libro sobre Cézanne nos recuerda que esta misma calumnia se levantó, siglos atrás, contra el Greco, nos dice también que ni siquiera Huysmans «se privó de recogerla; habló, en su obra *Certains*, de las "retinas enfermas" del pintor de Aix». Toda obra de arte implica una teoría de la visión. La de Cézanne pretende liberar a los objetos de las líneas que los aprisionan. Pretende que aprendamos a mirar un paisaje o un rostro de un modo nuevo, por medio solamente de los colores, de su relación entre ellos, de lo que Rilke denominó *su trato mutuo*. El color, nos dice Paul Cézanne en una frase con la que, una vez más, parece adelantarse a su tiempo, «es el lugar donde nuestro cerebro y el universo se encuentran». Ver es pensar. Y aquello que vemos siempre nos habla, se dirige a nosotros, se convierte en una interrogación. De manera que «la materia de nuestro arte está ahí, en lo que piensan nuestros ojos… La naturaleza se las arregla siempre, cuando la respetamos, para decir lo que significa».

Durante la última década de su vida, Cézanne tiene una obsesión. Esta obsesión se llama Sainte-Victoire. La montaña es el *motif* definitivo, el objeto principal de su pintura última. Como Frenhofer, el protagonista de aquella novelita de Balzac titulada *Le Chef-d'œuvre inconnu*, y que, según el propio Cézanne, «todos los pintores deberían releer una vez al año», el pintor de Aix acabará pintando también una sola idea, pero una idea que estaba cada día allí, que podía ver con sus ojos, cuya presencia se imponía con una fuerza salvaje, siempre en aquel mismo lugar, con sus colores cambiantes y prodigiosos. Hemos visto algunas fotografías de Cézanne pintando, del natural, en un camino, junto a una pared de piedra, la montaña de Sainte-Victoire, en 1906, es decir, en el mismo año de su muerte. En ellas puede verse al pintor vestido con levita, chaleco y sombrero, aunque se trata de una aparente elegancia: se diría que las ropas están viejas y ajadas. En cambio, sí parecen verdaderas la manera en que coge el pincel y, sobre todo, la expresión de su cuerpo mientras contempla y estudia el *motif*. La montaña de Sainte-Victoire es distinta de cualquier otra que conocemos. No destaca por su altura y es muy diferente en todo al Mont Ventoux. La Sainte-Victoire es un macizo grisáceo y sin vegetación, un macizo alargado y monocromo. Uno de sus extremos, el que podía ver siempre Cézanne, tiene mayor altura y aspecto cónico, tal y como aparece en los numerosos cuadros del pintor. Y, efectivamente, es fácil que adquiera tonalidades azuladas o rojizas, ya que su superficie desnuda a menudo parece la de un espejo. En él se mira siempre el cielo provenzal, con su presumida luz mediterránea. Sin embargo, se trata también de una montaña de la que se diría que no le convienen los simbolismos habituales, y menos que ningún otro el de la mística de la escalada. El viaje a la montaña de Cézanne es muy diferente al de Petrarca. No es una subida lo que se nos propone aquí, sino una mirada capaz de penetrar en lo más profundo de la tierra, en el «color geológico» de la montaña. Se nos propone gozar del misterio de las sombras, de la luz, de las nubes. Se nos propone gozar de la pintura del mundo. Cuando Rilke visitó Aix-en-Provence en 1909, dos años después de haber asistido a la exposición póstuma de Cézanne en París y de haberla descrito con entusiasmo en sus célebres cartas, decidió subir caminando hasta la *colline sur*

Lauves con la intención de contemplar desde allí la montaña de Sainte-Victoire. Cuando por fin llegó a lo más alto de la colina y la montaña se le apareció allá lejos, brillante e inundada de sol, Rilke, fatigado y sudoroso, perdió la visión. Durante casi quince minutos no podía ver nada: sus ojos estaban ciegos. En aquella repentina oscuridad, Rilke permaneció de pie, inmóvil, a la espera de que algo sucediera, ya fuera un desvanecimiento o un milagro que le revelara por fin el secreto último del mundo. Cuando pudo volver a ver, se apoderó de su conciencia una tensa calma, aunque su cuerpo temblaba todavía de miedo y emoción. La montaña seguía allí, a lo lejos, pero muy cerca también, como si pudiera tocarla con sus propias manos, y era entonces azul o violeta, pero también verde o roja: nunca más supo decirlo.

A propósito de este cielo provenzal, otro poeta, Francis Ponge, escribió en 1941 *La Mounine ou Note après coup sur un ciel de Provence*. «Se trata de *describir* este cielo tal como se me apareció impresionándome tan profundamente.»

La escritura surge aquí, en este largo texto que avanza, desesperadamente, autocorrigiéndose, como recuerdo de una emoción, en un intento por reconstruir una experiencia intensa: la provocada por un paisaje concreto. «Decididamente –escribe también Ponge–, lo más importante del viaje fue la visión fugitiva de la campiña de Provenza en el lugar llamado Las Tres Palomas o La Mounine durante la subida en autocar desde Marsella a Aix, entre las ocho y media y las nueve de la mañana (siete y media a ocho de la hora del sol).» Nos encontramos así con una de aquellas experiencias en que, como la de Petrarca en el Mont Ventoux, el paisaje penetra en la mirada del individuo, se impone hasta la conmoción plena. En la ebriedad de la contemplación, los colores provenzales actúan también como único lenguaje posible: «Campiña de vegetación gris, con verde amarillo de esmalte que aflora pese a todo, bajo un cielo azul plomizo (entre la hierba doncella y la mina de lápiz), de una inmovilidad, de una autoridad terribles…». Ponge acude una y otra vez a su recuerdo, que deviene siempre insuficiente, hasta el punto de que se dice a sí mismo que «tendría que volver allí, como un paisajista regresa a su motivo repetidas veces». El texto se convierte en una pintura, el poeta en un pintor, las palabras en trazos superpuestos. Al igual que Petrarca, pero también como Camus o Cézanne, por el mismo paisaje de la conmoción asoma el recuerdo de la infancia: Ponge alude a un episodio ocurrido en Villeneuve-lès-Avignon, «un día que habíamos estado en la estación para acompañar a mi madre. Yo tenía menos de diez años». Aquel cielo de entonces, el de la memoria, y este otro que la escritura-pintura trata de apresar ahora, también desde el recuerdo, se convierten en un escenario ininterrumpido, aunque *aplazado*, en el que la naturaleza, con una fuerza salvaje y secreta, se impone, actúa, doblega. Lo que Ponge vio aquel día *auprès d'Aix-en-Provence* fue un estallido del cielo en su diálogo perpetuo –diálogo lleno de silencios hirientes– con la tierra. Su trabajo, como el de Cézanne –aunque él prefiera a Chabaud como ejemplo–, consiste en repetir el *motif* una y otra vez, siempre hasta conseguir hacer visible la desesperación misma del proceso. En la inefabilidad habita el germen no del silencio, sino de todas las palabras posibles, también con todas sus posibles combinaciones. Y estas palabras acuden, con el aliento de la metaforización, al encuentro del paisaje y de una emoción que no debería, por naturaleza, poder decirse. El cielo provenzal, sospecha Francis Ponge desde el principio, «no es más que un inmenso pétalo de violeta». Pero este mismo cielo contemplado, aparecido una mañana de primavera, y que el poeta trata de explicarse a sí mismo algunos años después, actúa por asfixia: su fuerza alcanza con desasosiego los prados, las montañas, los árboles... Es la asfixia del cielo, pero también la del recuerdo. (Falta el aire, se diría, para aclimatarse a lo que Michelet llamó *respiración provenzal.*) Aquél era entonces, ahora lo sabe el poeta, un cielo oscuro: «Es la noche intersideral lo que, en los días buenos, se ve por transparencia y lo que vuelve tan oscuro el azul de los cielos meridionales». En el análisis minucioso de su propia emoción, Ponge encuentra una teoría, también propia, del paisaje celeste, una explicación a su mirada

–o visión– provenzal, de tal manera que, concluye, si nos gusta venir tanto a esta región es precisamente «para disfrutar de la noche en pleno día y bajo el sol, para disfrutar de este matrimonio del día y de la noche, de esta presencia constante del infinito intersideral que da su gravedad a la existencia humana».

Continuamos nuestra ruta a lo largo de la Sainte-Victoire. Una vez que hemos dejado Les Lauves, la montaña adquiere muchas otras formas imprevistas hasta transformarse en un alargado y pesado monstruo antediluviano. O, como observó Peter Handke en su libro *Die Lehre der Sainte-Victoire*, «la montaña da la impresión de haber caído de arriba, de la atmósfera casi monocolor, como un fluido que luego se hubiera solidificado aquí en forma de pequeño macizo cósmico». Es interesante la visión desde el embalse de Bimont, en la misma falda de la montaña, construido por el ingeniero Zola, padre del escritor. Aquí todavía el macizo muestra su rostro más amable, el pintado por Cézanne. Desde allí nos dirigimos a Vauvenargues, donde la imagen de la montaña se transforma radicalmente para mostrar su belleza más asfixiante. Ahora, la Sainte-Victoire es una inexpugnable muralla y en nada se parece a la que contemplaba Cézanne. El pueblo de Vauvenargues está situado en el llamado valle de L'Infernet, al pie de la ladera oeste. Entre el pueblo y la montaña, junto a un bosque, hay un castillo del siglo XVII, en cuyo jardín está enterrado otro pintor: Pablo Picasso. Cuando a principios de 1959 se instala en este castillo, Picasso tiene ya casi ochenta años, vive con Jacqueline Roque su última historia de amor –se casará con ella dos años después–, y está inventando una nueva manera de pintar, «*brutale, elliptique, spontanée*», según ha sido definida, con una preeminencia casi absoluta del retrato. Si fue su admiración por Cézanne, a quien consideraba el más grande de los pintores, la principal razón por la cual decidió irse a vivir a este solitario castillo, al pie de la Sainte-Victoire, no lo sabemos, pero lo cierto es que se trataba de un cambio radical en su vida y, por tanto, también en sus costumbres, hasta el punto de que, según parece, no pudo soportarlo durante mucho tiempo. Entre 1959 y 1961, Picasso y Jacqueline viven en Vauvenargues, pero con frecuentes y largas estancias en Cannes, en su casa *La Californie*, que era donde residían antes de comprar el castillo, siempre cerca del mar. Y desde la primavera de 1961 hasta el día de la muerte de Picasso, es decir, el 8 de abril de 1973, su lugar de residencia será siempre Mougins, otro pequeño pueblo de la costa mediterránea, de manera que su paso por Vauvenargues fue bastante breve, aunque finalmente el pintor decidiera que lo enterraran en el jardín de su castillo, no sabemos por qué, tal vez también por fidelidad al mundo de Cézanne. Durante aquellos pocos años, Picasso pintó también la montaña de Sainte-Victoire, siempre desde la perspectiva que el castillo le proporcionaba, tan diferente a la de Cézanne, y siempre también con figuras en primer plano, tan alargadas como la propia montaña. El castillo permanece todos los días del año cerrado a cal y canto, y a su jardín vallado tampoco es posible acceder, así que nos conformamos con dar un paseo por el pueblo, que no parece haber cambiado mucho desde que Picasso y Jacqueline llegaron por primera vez. No podemos saber tampoco si la escultura en bronce *Femme au vase*, de 1933, que Jacqueline decidió colocar sobre la tumba, continúa allí mismo. Un antipático letrero en la puerta de la gran valla nos advierte de que no insistamos en llamar, porque nunca nadie nos va a abrir la puerta. También aquí, entre marzo y agosto de 1960, Picasso pintó uno de los cuadros más célebres de su última etapa: *Le Déjeuner sur l'herbe*. En esta paráfrasis de la obra de Manet, lo primero que destaca ante nuestros ojos es precisamente la fuerza enmarañada de la naturaleza. A diferencia del ameno y luminoso jardín pintado por Manet, sobre el que descansan las figuras, Picasso pinta un desordenado bosque de oscuros verdes que envuelve a los personajes casi completamente, y este bosque y estos verdes no son otros que los que separaban, y separan aún, el castillo de la ladera rocosa de la montaña: un espacio de cuya belleza sólo puede decirse que es oscura y fría. Provenza acoge a Picasso en sus años finales de un modo muy especial, ya que sus dos últimas grandes exposiciones tuvieron lugar en Aviñón, en el Palacio de los Papas, en cuyas salas, altísimas, desangeladas, llegaron a colgar, siempre escogidas por el propio pintor, hasta ciento sesenta y siete pinturas en la exposición de 1970, además de cuarenta y cinco dibujos, y nada menos que doscientas en la de 1973. Esta última se inauguró, con un texto de René Char titulado *Picasso sous les vents étésiens*, sólo seis semanas después de la muerte del pintor. «Escribí el prólogo –le comunica el poeta a su confidente y amigo Jean Pénard algunos meses después–, pero Picasso murió el 8 de abril y tuve que rehacerlo completamente. ¡Qué hombre más extraño! Le preocupaba muy poco lo que poseía, incluso sus obras. Las había amontonado por todas partes, todavía no han parado de encontrarlas. Compraba o alquilaba un piso, y allí pintaba, dibujaba, grababa y esculpía tanto como podía, con una extraordinaria capacidad de invención, y después cerraba la puerta y se iba. Por lo tanto, tenía un montón de llaves. En Vauvenargues mismo, Jacqueline tiene decenas y decenas de lienzos».

V

En aquellos lugares donde la vida y la naturaleza se expresan de un modo tan rotundo, exultante, con una luz siempre dispuesta a acentuar, a convertir en exagerada hasta la más nimia rama de un árbol, hasta la más breve sensación de plenitud, sucede también que la muerte es mucho más visible, brilla como una estrella más de la región. Mientras rodeamos con el coche la montaña de Sainte-Victoire por la carretera D 233 hasta llegar de nuevo a Aix-en-Provence, pasando por otras minúsculas poblaciones igualmente situadas al pie del macizo gris y poderoso, aunque en la ladera este, como Saint-Antonin-sur-Bayon o Beaurecueil, las nubes cada vez más oscuras que nos acompañan adquieren por su parte también tonalidades rosáceas y azules. Cézanne enfermó mortalmente pintando esta montaña pocos días después de que un aguacero cayera sobre su cabeza. Picasso murió en Mougins, junto al mar, pero todo parece indicar que en Vauvenargues experimentó, como en ningún otro lugar, la frialdad rocosa de la montaña, la sombra verdeoscura de la muerte. Los últimos diez años de su vida se los pasó pintando retratos de *personajes* reales o inventados, rostros de hombres y mujeres de la calle o de la tradición pictórica, y todos se parecen tanto entre sí que, en realidad, vienen a conformar un solo rostro, tal vez un mismo autorretrato. Dichos rostros son reales solamente en la medida en que los imaginamos sobre las tablas de un teatro, como si hubieran sido pintados en el momento de su aparición en escena. Son, por tanto, sí, *personajes*, como el propio pintor los denominó alguna vez, pero lo son siempre de una tragicomedia. Creo que Picasso no concebía la tragedia pura, quiero decir que no la concebía sin la comedia al mismo tiempo, fiel, seguramente, a su admiración por *La Celestina*. Se diría, pues, que los rostros de la muerte no podían ser representados por Picasso con la solemnidad convencional. Veía y pintaba aquellos semblantes con la violencia abrasadora del deseo, con el rictus grotesco de la vejez, con la mirada deformada del enfermo, con el humor negro, lleno de resentimiento, de quien todo lo tuvo y no iba a tardar en perderlo, y sin embargo todos aquellos rostros, que parecen estar más cercanos a la muerte que a la vida, pero siempre en el mismo tránsito inconcebible, están bien alejados de la caricatura. Nos afectan con su dolor transparente y lúcido, con su deformidad, con sus colores ásperos, hirientes. Si la vida es un teatro, parecen decirnos, nuestros rostros últimos son la mayor confirmación de que no somos más que los ridículos personajes de una obra. Y Picasso los pinta también de manera que, como escribe René Char en su texto para la última exposición de Aviñón, consigue hacerlos siempre desfilar, «con magnífico cálculo», delante de nosotros. Y es así como, con ellos, también podemos ver desfilar los trazos del «arte rupestre, arte mágico, arte pagano, arte indatable, arte romano, etcétera».

Después de pasar una noche más en Aix-en-Provence, iniciamos por la mañana el camino de vuelta a casa, aunque antes pasaremos también un par de días en Arlés, donde la exaltación de la naturaleza y los rigores extremos de la vida y de la muerte fueron vividos y representados también, como se sabe, de un modo violento y extraordinario, por Vincent van Gogh. También él, nada más llegar, creyó ver, entre los hombres y las mujeres provenzales que le salieron al paso, «figuras ciertamente tan bellas como las de Goya o Velázquez», y, por tanto, dedujo que se podía «hacer algo aquí con el retrato». Arlés conserva aquella belleza un poco desfigurada o rota, tan característica de las poblaciones con ruinas romanas, que parecen haber sido reconstruidas a base de numerosos y extraños fragmentos difíciles de encajar. En uno de estos bellos fragmentos nos instalamos hoy, en la place du Forum, en un viejo hotel que lleva el mismo nombre que la plaza. Desde las ventanas de la habitación podemos ver el café que Van Gogh pintó de noche, «un cuadro nocturno sin negro, sólo con un bello azul, con violeta y verde; y en este ambiente la plaza iluminada se tiñe de un pálido amarillo azufre y un verde limón». Hoy, la terraza del café trata de ser una mala imitación de aquel famoso cuadro, hasta el punto de que aparece cubierta por un horrendo toldo de color amarillo. Cuando Van Gogh llegó a esta ciudad, en febrero de 1888, nevaba. Los campos provenzales se le revelaron entonces, blancos de nieve y con los almendros en flor, como antiguas estampas japonesas. Muy pronto, sin embargo, pudo comprobar que aquellas estampas respondían simplemente a un acontecimiento climático excepcional que no volvería a repetirse. Lo que vino después fue el «lado áspero de la Provenza» –tal como había tenido oportunidad de conocerlo, con admiración creciente, en algunos pocos cuadros de Paul Cézanne–, con los campos abrasados por una luz pesada, densa como la pasta cuando sale de los tubos de pintura. Con su característico impulso vehemente, Van Gogh se entregó entonces a la violencia de los colores. Toda su estancia en Arlés, más allá de las innumerables y patéticas anécdotas, consistió en una búsqueda desesperada de aquellos colores que parecían surgir, como por emanación, de las profundidades o las tinieblas de la naturaleza. Adondequiera que miraba, no podía ver otra cosa y, como un cazador solitario, empezó a perseguir a su presa por todas partes. La naturaleza provenzal le parecía de «una alegría monstruosa», pero también aquí, en Arlés, dedujo que «nos es preciso volver a la naturaleza, a pesar de nuestra educación y nuestro trabajo en un modo convencional». En Arlés, Van Gogh acude a las corridas de toros, como hará Picasso también años después en este mismo lugar, lee a Daudet, a Guy de Maupassant, y muchos de sus paseos diarios lo llevan hasta la cima del Montmajour. En el jardín de la vieja abadía situada en esta pequeña cima, el pintor descansa mientras come unos «excelentes higos», siempre rodeado de «grandes cañas, viñas, yedras, olivos, granados, cipreses, fresnos, sauces» y, por supuesto, de viejas y generosas higueras. Pero igualmente están presentes, para su fastidio, «el mistral y los mosquitos», que no siempre le permiten pintar. Hoy no encontramos en este mismo lugar tanta vegetación, pero el mistral sopla con fuerza todavía. Desde el Montmajour también contempla, como hacemos nosotros esta mañana calurosa de julio, el interminable panorama llano, con la Camarga y La Crau siempre a la vista, que le «hacen pensar en la antigua Holanda del tiempo de Ruisdael...». No es el Mont Ventoux, ni siquiera la montaña de Sainte-Victoire, pero las emociones no son muy diferentes y, entre éstas, de nuevo nos encontramos con el recuerdo de la tierra propia, con aquella «nostalgia infinita» de Kafka. Los amarillos de Van Gogh son muy elocuentes, pero a menudo nos hablan no tanto de la naturaleza como de la desesperación del pintor por conocerla en su profundidad máxima. Por momentos, los colores, siempre cambiantes, se le revelan cual animales salvajes a los que no puede domar de ningún modo. Pero la tensión tan visible de sus cuadros no se encuentra en los campos de trigo de Arlés: surge de una violencia interior que un paisaje como éste, al sol brutal del verano, desata cuando el pintor lucha por obtener el secreto de su belleza.

En junio de 1888, Van Gogh conoce por fin el Mediterráneo. Desde Saintes-Maries, a unos cuarenta kilómetros de Arlés, escribe a su hermano a propósito de este breve viaje, pero sólo le informa del delirio colorista en el que se ha visto envuelto allí. El mar «no se sabe nunca si es verde o violeta, ni se sabe nunca si es azul, porque al segundo siguiente, el reflejo cambiante ha tomado un tinte rojo o gris». Y la playa «me ha parecido de un tono violáceo y rojo pálido, con sus matorrales sobre la duna (de cinco metros de alto, la duna), montecillos de azul de Prusia». Y en el cielo de la noche, «las estrellas centelleaban claras, verdosas, amarillas, blancas, rosas, más claras, más bien diamantinas como piedras preciosas...». ¿Cómo pintar entonces la naturaleza? Ésta es, desde luego, una pregunta que tienen presente todos los pintores impresionistas, es la pregunta por excelencia, a la que se dan respuestas más o menos diferentes, pero en los cuadros de Van Gogh la misma pregunta parece estar formulada siempre con exasperación y resuelta con una audacia temperamental insólita. También en junio, Van Gogh pinta su primera versión de *Le Semeur (d'après Millet)*, una paráfrasis en la que hace confluir su recuerdo del famoso cuadro de Millet con los trigales que ahora contempla y pinta él mismo cada día en Arlés. Una segunda versión la pintará en noviembre de aquel mismo año. En ambos óleos, aquella misma pregunta está presente con desasosiego, y su respuesta es también una respuesta a la pintura de Millet, a quien Van Gogh admiraba, aunque de sus cuadros decía también que «casi no tenían color». El sol pastoso y amarillo domina la escena de ambos lienzos, en la que otros amarillos surgen, como por inundación, bañando el cielo y los campos. La figura que aparece en la segunda versión, uno de aquellos «agricultores adoradores del sol» que tanto le gustaba pintar, no es aquí más que una abultada sombra oscura, mientras que la tierra de la primera versión posee un color azul nebuloso, como si hubiera intercambiado con el cielo los colores convencionales de la realidad.

La pintura de paisaje tardó muchos siglos en ocupar un espacio autónomo en el mundo del arte y, por tanto, en ser desarrollada hasta sus últimas consecuencias. Nuestro conocimiento de la naturaleza le debe también mucho a aquellos pintores. Ellos nos han enseñado a mirarla de un modo nuevo y nos han mostrado que sus colores forman parte de nosotros mismos tanto como de la luz del sol. Si la naturaleza tiene secretos, éstos se manifiestan, como enigmas ofrecidos a la sed del artista, siempre a través de los colores. Van Gogh era consciente de todo esto, del carácter precursor de la pintura de su tiempo, de su pulso revolucionario, cuando afirmó, tres meses antes de suicidarse: «Lo que los impresionistas han encontrado para el color avanzará más todavía». Antes de abandonar definitivamente Arlés, damos de nuevo un paseo por Les Alyscamps o paseo de los Sarcófagos, «el más ilustre lugar de enterramiento de la Tierra», según anotó Hugo von Hofmannsthal, aquí mismo, en 1892. Nos gusta este lugar más que ningún otro de la ciudad. Los árboles parecen estar ya bien armados para dar sus sombras poderosas a los paseantes veraniegos. Según cuenta la leyenda, en la Antigüedad, los ribereños del Ródano confiaban los cuerpos muertos de sus seres queridos a la corriente del río, con una limosna para los enterradores, los cuales, después de recoger los cadáveres en el puente de Trinquetaille, les daban sepultura en estos «campos elíseos». La cadena de sarcófagos se extendía por la llanura meridional, a un lado y al otro de la via Aurelia, hasta casi llegar a los pantanos. «Hay una tristeza de Provenza –le dijo una vez Paul Cézanne a Joachim Gasquet– que nadie ha expresado y que Poussin lo habría hecho mediante una tumba bajo los álamos de Alyscamps.» Lo que hoy se conserva de aquella inmensa necrópolis es un fragmento también, una ordenada y hermosa avenida, jalonada por viejas tumbas griegas, romanas, medievales, algunas más importantes que otras, por supuesto, según el diferente rango social de los difuntos. El paseo transcurre entre el pórtico de San Cesáreo, del siglo XII, y la iglesia de San Honorato, construida entre los siglos XI y XII, pero sobre una basílica primitiva del siglo IV, que albergaba las reliquias de un mártir de Arlés, san Trófimo. Cómo el arte de la muerte fue conquistando este paisaje hasta integrarse completamente en él: esto es lo que se manifiesta aquí. Muchas tardes, Vincent Van Gogh y Paul Gauguin venían a pintar a este lugar, a la hora en que los burgueses arlesianos salían de sus casas también para venir a pasear con sus mejores galas y sus parasoles de color. Gauguin pintó a tres mujeres sin rostro en medio de una espectacular vegetación, entre verdes y amarillos (había entrado el otoño), y con el campanario octogonal de la iglesia de San Honorato al fondo. Van Gogh, en un cuadro igualmente pintado aquel otoño, nos muestra el camino (amarillo) con los sarcófagos alineados a un lado y a otro, y a algunos arlesianos solitarios, un hombre y dos mujeres, una de ellas vestida completamente de rojo, disfrutando del paseo vespertino. De los árboles, sin embargo, sólo nos enseña sus troncos altos y delgados. Y estos troncos están pintados de azul.

René Char, en sus conversaciones con Jean Pénard, cuenta que a Roland de Courthézon, olvidado trovador del siglo XIII, se debe un invento extraordinario: haber suprimido el *como* de la comparación. Lo que aquel trovador habría inventado, por tanto, también aquí, en el sur de Francia, sería la metáfora moderna, recuperada siglos después por Nerval, Baudelaire y Rimbaud, entre otros muchos, es decir, uno de los elementos fundamentales del pensamiento y del arte de la modernidad. Creo que esto mismo es lo que hace Van Gogh cuando pinta, por ejemplo, los troncos azules de los árboles de Les Alyscamps o, poco después, muy cerca de aquí, en el sanatorio de Saint-Rémy, los inquietantes y flamígeros cipreses. Tal vez, toda su desesperada técnica expresiva, llevada hasta el extremo en esta región, con todas las consecuencias que conocemos, consista sólo en esto: en haber suprimido el *como* de la comparación. Tal vez, éste haya sido también, para muchos pintores y poetas que descubrieron aquí la posibilidad de mirar de frente la luz y de nombrarla, y que lograron acceder con ella, consciente o inconscientemente, a los reinos siempre oscuros y fríos de la memoria, uno de los secretos más valiosos del paisaje provenzal.

JUNIO EN CASA DEL DOCTOR CHAR

VIERNES, I

Púrpura, como el pan manchado por el vino, una tarde con olor a siesta y a dormitorios blancos. Una ventana oscura, con los postigos quemados, abierta a la fiebre de los bancales y a la erosión marítima.

¿Qué puede querer de mí este aire que llega con la luz, dentro de la luz, con su rutina amorosa de albaricoques nuevos?

Y en el aire se ausenta una alegría incandescente.

SÁBADO, 2

Por ser tibio fui vomitado de su boca una y otra vez. Hubo después un silencio de hojas caídas sobre caminos olvidados.

En el interior de cada palabra se despertaba un vacío sin límites, crecía la flor ajada de un desierto desconocido.

DOMINGO, 3

Me abrazaría al relámpago nocturno, bebería de su llamarada sin retorno, de su llanto en llamas muchas veces.

Mi cuerpo y el relámpago serían una y la misma luz. Hablaríamos lenguas de fuego.

LUNES, 4

Con este sol de junio nada se oculta.

Su claridad penetra en ti, inunda las playas de tu conciencia, lentamente. Te hace ver y ser: te sumerge en una transparencia de aguas nuevas. Por una claridad así, llena de peces hambrientos, los dioses se volvieron locos (dicen) y la música estalló en la boca seca de los moribundos.

Claridad de erizos negros pisados al amanecer.

MARTES, 5

¿Sabe, doctor, algo de mi desnudo perdido?
¿Puede tal vez indicarme el camino del rayo?

MIÉRCOLES, 6

En esta herida húmeda y mía se han despertado esta mañana los cangrejos. Hay arena y sal en la sangre. Hay olas que fueron ya cantadas por Homero y que no voy yo ahora a pretender cantar. Hay un barco otomano y una sirena siciliana. Columnas dóricas, ánforas fenicias. Mi herida es blanca y antigua como la sábana que cubría el cuerpo perfumado de la sulamita.

JUEVES, 7

La misma sed de entonces o tal vez otra, diferente, desconocida, en mi medio siglo que llega, que se posa en mi alma como una tarde cansada. Otra sed que no cabe en mi boca, que inunda de mediodía mi lengua con la ceniza blanca de su calcinación, con su canto silvestre de salivas invisibles.

VIERNES, 8

El viento de la tarde ha desordenado todas mis palabras. Y ahora parece que he escrito en una página sucia el fragmento de una oración desenterrada:

de ebrio hay en. aún tus aún amor mí estoy, caminos

SÁBADO, 9

Fulguración y oleaje. Mi cuerpo en la luz de la ola es una llama submarina que tiembla y flota todavía en el vacío del universo.

Aún hay amor en mí, aún estoy ebrio de tus caminos.

Con palabras mojadas se escribe una alegría que ha de venir: una profecía profundamente habitada por las raíces del helecho.

DOMINGO, 10

Noche llena de esputos negros, de sueños abrasados. Caminaba por un bosque de arena, me acompañaba el perro muerto de mi juventud. Al llegar a una casa que se quemaba, vimos a una mujer desnuda que cogía flores, que salvaba las flores del incendio. No era una diosa. ¿O sí lo era?

Quise tocarla con mis dedos manchados por el humo y, mientras me acercaba, las llamas la protegían de mí, las flores eran como cuchillos rojos y afilados. El perro entonces no venía.

LUNES, 11

Usted, doctor, con sus palabras de mercurio, calma mi pesar, pero no conoce a la oruga oscura que crece en mi lengua, no ha podido verla todavía. Hay en mí tantas islas inaccesibles como ciruelas podridas en su alegre jardín de junio. Dígame si podrá navegar hasta ellas.

MARTES, 12

He caminado por las calles de un pueblo que tiene forma de caracol. He escuchado una conversación de hombres a la salida de la iglesia en una lengua extraña. He bebido un licor de albahaca y pera. He dormido la siesta en un jardín caluroso. He leído un libro que llevaba conmigo, un libro de poemas oscuros que todos dicen que he escrito yo. Un libro que he olvidado después, por cierto, en la cocina de Circe.

MIÉRCOLES, 13

El aroma áspero y terroso del trigo ha entrado en la habitación. Ahora mi pensamiento es un murmullo de espigas. *No ha habido nunca un tiempo en el que no existieras.*

JUEVES, 14

Fui como el pájaro distraído que antes de llegar al fruto luminoso se deja seducir por la ventana abierta de una casa solamente habitada por las sombras. Un pájaro lleno de sombras, asombrado hasta la muerte. Su vuelo oscuro.

VIERNES, 15

Esta tarde hemos visitado las pocilgas. De ellas se dice que fueron construidas sobre las ruinas de un templo romano.

Los cerdos dormían como dioses antiguos.

Lodo de luz negra, hondo hedor, aliento sucio de la oscuridad.

Volver otro día. Sembrar entonces aquí una palabra para verla crecer –la palabra *amor*, por ejemplo–, y recogerla tiempo después como si se tratara de la primera flor que hubieras visto.

SÁBADO, 16

Como la rama seca de un árbol lleno de mediodía, así también mi lengua recibe la visita de las primeras cigarras.

Mi boca entonces: un verano que empieza.

Un verano que anuncia con salivas oscuras la armonía del fuego:

la certidumbre musical de la calcinación.

DOMINGO, 17

En mi alma había redes sucias y rotas, fogatas húmedas, había algas podridas, medusas muertas, había cormoranes en mi alma.

Como una playa en otoño, preparada para todos los naufragios.

LUNES, 18

En su convalecencia, todas las palabras exudan resinas rojas, como los limoneros enfermos, y en sus frutos habrá algún día también el sabor amargo del sol.

Buscan en su fiebre los caminos del rayo, el viento de la noche, la ola salvaje que las haga transpirar de un modo nuevo.

Con ellas habremos de decir algún día también el tránsito de la erosión:

la violencia oscura de lo invisible.

MARTES, 19

Cuerpo desnudo del sueño, entregado a sus hojas abiertas, a un nuevo decir en llamas, a una escritura sin razón, más allá de la luz. En su verdad palpita, excitada, la noche.

MIÉRCOLES, 20

En cada uno de nuestros muros derribados, entre sus ruinas, nace un río matinal que recorre los prados del porvenir. A este río llegan muchas veces para beber las raíces del rayo.

Es un río alumbrado que avanza sin prometer nada a nadie. En su corriente habitan, ebrios y oscuros, los cantos del distraído.

JUEVES, 21

Limpiar el corazón como se limpia el pescado, con el cuchillo viejo, bajo un chorro de agua pura, desescamándolo. ¡Cuidado con la espina venenosa de la aleta dorsal!

VIERNES, 22

Azotado por el calor, he salido esta noche al jardín, he pisado ciruelas con mis pies descalzos, he lavado mi herida con el aroma de la menta. Me he quedado dormido sobre el césped, desnudo, hasta que los mirlos han traído hasta mí el día nuevo con su canto exaltado.

De mi boca ha salido entonces la espuma de una felicidad desconocida, un aliento con olor a estrellas húmedas.

SÁBADO, 23

Mi recuerdo del morir es un cuerpo que no pesaba, un cuerpo ligero entre mis brazos, el final de una respiración, la soledad de un nuevo sueño ajeno que te excluye, que te convierte en un extraño. Yo sentía vergüenza de mí mismo en aquella súbita lejanía, en aquel quedarme aquí sin más, a este otro lado de la muerte donde alguna vez dijimos haber sido felices.

DOMINGO, 24

El aliento húmedo del solsticio recorre las calles engalanadas, penetra en las iglesias y en los bares. Hay una alegría de fiesta pobre en los saludos y en las palabras, como en los vestidos de las mujeres. Las sombras huelen a pescado y a vino. Los perros acuden a la procesión del santo. Se escucha al viejo vicario decir que Dios también ama el verano.

LUNES, 25

¿Qué hacer entonces, doctor, con estas piedras
del alma expulsadas, aún manchadas de sangre?
¿En qué lugar del poema debería enterrarlas
con su dolor translúcido, innombrable?

MARTES, 26

En mi celda de cal, con los ojos cerrados, la nada es una certidumbre cotidiana de mi cuerpo vencido, un silencio de sombras concluyentes, mientras medito o duermo. Hay pureza y asombro en la fatiga de los miembros, en su pesado reposo. Se obedece a este tránsito con la confianza alegre de un animal doméstico o de un niño.

Al abrir los ojos, esta verdad se dispersa, y uno empieza a soñar de nuevo hasta la extenuación.

MIÉRCOLES, 27

Vi los ríos infectados y las laderas cubiertas de basura, donde el ruiseñor cantaba como siempre, y luego pensé que el auténtico misterio de este mundo debe de ser la alegría: nadie sabe desde qué oscuras raíces irrumpe ni hacia qué paraísos sin nombre trata de llevarte de la mano una y otra vez, como si fueras el último ciego perdido en los suburbios de la muerte.

JUEVES, 28

Tarde sin sol. Vértigo, nubes, hojas muertas.

Sobre la tumba de este día que siempre vuelve, dibujo flores que no existen, rezo una oración por las palabras que he olvidado.

VIERNES, 29

Busca una maleta en la que no quepa nada más que tu desnudez. *Saldrás* entonces *del lugar donde te encuentras hacia otro lugar, ante sus ojos. A sus ojos cargarás* entonces *con tu equipaje a la espalda y saldrás en la oscuridad.*

SÁBADO, 30

Verdes matinales, fríos aún. Incesantemente debemos recordar la certidumbre de la espiga. En ella crecen asombradas las estrellas fugaces.

En ella puede escucharse la antigua salmodia de un río que no existe pero continúa dando de beber a los animales ciegos.

Toda la claridad fluye en su noche, intacta y abundante, vierte sobre la tierra negra la simiente de la transformación:

el porvenir de la palabra, su nueva luz.

ÍNDICE

Cuaderno de Provenza, 9
Junio en casa del doctor Char, 81